**VENTE**

du

Vendredi 23 Juin

1899

**HOTEL DROUOT**

Salle nᵒ 7

A 2 HEURES 1/2

—◆—

# Tableaux Modernes

## ET ANCIENS

### DESSINS — EAUX-FORTES

*Commissaire-Priseur*

**Mᵉ PAUL CHEVALLIER**

*Experts*

**M. GEORGES PETIT**

**MM. FÉRAL**

# CATALOGUE

DE

# TABLEAUX MODERNES

PAR

BELLEL, CAROLUS-DURAN
CARRIER-BELLEUSE, DAUBIGNY, GUDIN, GUILLAUMET
HENNER, CH. JACQUE, JACQUET
RIBOT, ROUSSEAU, SISLEY, ZIEM, ETC.

## TABLEAUX ANCIENS

## DESSINS, EAUX-FORTES

DONT LA VENTE AURA LIEU

# HOTEL DROUOT, SALLE N° 7

## Le Vendredi 23 Juin 1899

*à deux heures et demie*

COMMISSAIRE-PRISEUR

# Me PAUL CHEVALLIER

10, rue de la Grange-Batelière, 10

EXPERTS

| M. GEORGES PETIT | MM. FÉRAL |
|---|---|
| 12, rue Godot-de-Mauroi, 12 | 54, Faubourg-Montmartre, 54 |

## EXPOSITION PUBLIQUE

## Le Jeudi 22 Juin 1899, de 1 h. 1/2 à 5 h. 1/2

# CONDITIONS DE LA VENTE

Elle sera faite au comptant.

Les acquéreurs paieront *cinq pour cent* en sus des prix d'adjudication.

Pares. — Imprimerie Georges Petit, 12, rue Godot-de-Mauroi. — 8043-99.

# DÉSIGNATION

## TABLEAUX MODERNES

### BELLEL (J.-J.)

1 — *Ruines.*

Signé à gauche, en bas.

Toile. Haut., 77 cent.; larg., 1 m. 11 cent.

### BELLEL (J.-J.)

2 — *Lisière de bois.*

Signé à droite, en bas.

Toile. Haut., 68 cent.; larg., 54 cent.

### CAROLUS-DURAN

3 — *Femme.*

Signé au centre, en haut.

Toile. Haut., 65 cent.; larg., 38 cent.

### CARRIER-BELLEUSE

4 — *La Lettre.*

## DAU

5 — *Étude.*

## DAU

6 — *Tête de femme.*

## DAUBIGNY

7 — *Les Laveuses.*

Signé à droite, en bas.

Panneau. Haut., 25 cent.; larg., 38 cent.

## GUDIN

8 — *Constantinople.*

Signé à droite, en bas.

Toile. Haut., 36 cent.; larg., 60 cent.

## GUDIN

9 — *La Plage.*

Signé à gauche, en bas.

Panneau. Haut., 14 cent.; larg., 20 cent.

## GUILLAUMET

10 — *Femme de Laghoual.*

Signé à droite, en bas.

Toile. Haut., 27 cent.; larg., 47 cent.

## HENNER

11 — *Saint Jean-Baptiste.*

## JACQUE (CH.)

12 — *Abreuvoir aux vaches, dans la plaine d'Anet.*

Toile. Haut., 47 cent.; larg., 65 cent.

## JACQUET (G.)

13 — *Tête d'enfant.*

Signé à gauche: *1866.*

Toile ovale. Haut., 45 cent.; larg.. 36 cent.

## JACQUIN

14 — *Après.*

Haut., 38 cent.; larg., 24 cent.

## LA TOUCHE (Gaston)

15 — *Le Blé versé.*

Signé en bas, à gauche.

Toile. Haut., 78 cent.; larg., 78 cent.

## LEGRAND

16 — *La forge.*

Panneau. Haut.. 20 cent.; larg., 15 cent.

## MERLE

17 — *Soubrette.*

> Signé à gauche, en bas.
>
> Panneau. Haut., 28 cent.; larg., 22 cent.

## PELEZ

18 — *Le Mendiant.*

## PETITJEAN

19 — *La Seine aux environs de Paris.*

## POTTER

20 — *Les Saintes-Maries de la Mer.*

## POTTER

21 — *Paysage.*

## RIBOT

22 — *Les Parchemins.*

## ROUSSEAU (Th.)

23 — *Clairière en forêt.*

> Signé à droite, en bas.
>
> Panneau. Haut., 42 cent.; larg., 64 cent.

## SAUZAY

24 — *Paysage.*

## SAUZAY

25 — *Paysage.*

## SEGANTINI

26 — *Bergère.*

## SISLEY

27 — *Route de village.*

Signé à droite, en bas : *1876.*

Toile. Haut., 45 cent.; larg., 61 cent.

## STEVENS (A.)

28 — *Sainte-Adresse.*

Signé à droite, en bas, et daté : *83.*

Panneau. Haut., 60 cent.; larg., 45 cent.

## STEVENS (A.)

29 — *Marine.*

Signé à droite, en bas, et daté : *82.*

Panneau. Haut., 35 cent.; larg., 26 cent.

## TROYON

30 — *La Mare au soleil couchant.*

Signé *C. T.*, à gauche.

Panneau. Haut., 22 cent.; larg., 30 cent.

## VASQUEZ

3 1 — *Étude.*

Haut., 32 cent.; larg., 23 cent.

## VERNON

32 — *Paysage.*

## ZIEM

33 — *Constantinople.*

Signé à gauche, en bas.

Panneau. Haut., 55 cent.; larg., 80 cent.

# AQUARELLES

## JACQUIN

34 — *Chaumière.*

Aquarelle.

## OGIER

35 — *Bordeaux.*

Aquarelle.

# DESSINS

---

**BESNARD (Jules)**

36 — *Résignées.*

**BRUCK-LAJOS**

37 — *Le peu de sous qui restent.*

**CARON-d'ACHE**

38 — *La Bombe.*

Dessin rehaussé d'aquarelle.
Signé à droite, en bas.

Haut., 52 cent.: larg., 37 cent.

**COURANT (Maurice)**

39 — *La barque à Godebi.*

**DELOBBE**

40 — *La grande sœur.*

**HAQUETTE (Georges)**

41 — *Marins à Dieppe.*

**LAZERGES (Hippolyte)**

42 — *Éventail.*

## LE PIC

43 — *La Pêche.*

## LUMINAIS

44 — *La mort de Chramne.*

## MEISSONIER (E.)

45 — *Officier de la première République. — Polichinelle.*

Deux dessins à la plume, dans un même cadre.

## SAIN (E.)

46 — *La mariée à Capri.*

## SALMSON (Hugo)

47 — *La récolte du colza,*

## VAN HOVE

48 — *L'Orfèvre.*

## VERNIER (Émile)

49 — *La récolte du varech à Concarneau.*

## VUILLERMET

50 — *Portrait de Madame C***.*

# GRAVURES

---

## CHAMPOLLION

51 — *L'Amour et Psyché*, d'après Paul
Baudry.

Épreuve d'état sur Japon.

## DANGUIN

52 — *Portrait de Meissonier*, d'après Meissonier.

Épreuve avant lettre sur Chine.

## HERKOMER (Hubert)

53 — *L'Attente*.

Eau-forte originale.

Épreuve sur Hollande, signée par l'artiste.

## HERKOMER (Hubert)

54 — *Bûcherons dans le Tyrol.*

55 — *L'Accident.*

56 — *Son portrait.*

> Eaux-fortes originales.
> Manière noire avant lettre sur Chine.
> Signées par l'artiste.

## ISRAËLS

57 — *L'Atre.*

> Eau-forte originale.
> Épreuve avant lettre sur Chine.

## LE CHARPENTIER

58 — *Le Coup de vent,* d'après Vernet.

> Épreuve sur Chine.

## LEGRAND

59 — *Le Baiser.*

> Eau-forte.

## MONGIN

60 — *Passage du Nord-Ouest,* d'après J. E. Millais.

> Épreuve sur Japon.
> Épreuve sur papier pâte.
> Signées par l'artiste.

## RAJON

61 — *Portrait de sir F. Leighton,* d'après G. I. Watts.

> Épreuve sur parchemin.

## RICHARD (Gery)

62 — *Plus rien,* d'après Israels.

> Épreuve avant lettre sur Chine.

## WALTNER

63 — *Portrait de Jeune fille,* d'après J. E. Millais.

> Épreuve sur parchemin.

---

# TABLEAUX ANCIENS

### BELLOTO

64 — *Vue de Venise.*

> Toile. Haut., 72 cent.; larg., 1 m. 11 cent.

### BOSSCHAERT

65 — *Femme, enfants et fleurs, sur un balcon de pierre.*

Jolie composition décorative.

> Toile. Haut., 1 m. 99 cent.; larg., 1 m. 58 cent.

### LOCATELLI

66 — *Paysage avec figures, au bord d'un cours d'eau.*

> Toile. Haut., 95 cent.; larg., 1 m. 22 cent.

### NOËL

67 — *La Tempéte.*

> Gouache. Haut., 57 cent.; larg., 83 cent.

## POELEMBURG (Genre de Cornelis)

68 — *Le Christ, saint Pierre et saint Paul.*

Bois. Haut., 32 cent.; larg., 25 cent.

## POUSSIN (Genre de Guospre)

69 — *Paysage avec figures et animaux.*

Toile. Haut., 48 cent.; larg., 65 cent.

## ROSA (Attribué à Salvator)

70 — *Cavaliers dans un défilé.*

Toile. Haut., 28 cent.; larg., 40 cent.

## SOLIMENA (Attribué à F.)

71 — *Amour marchant dans la campagne.*

Bois. Haut., 27 cent.; larg., 20 cent.

## VERNET (Attribué à Joseph)

72 — *Pêcheurs près d'une cascade.*

Toile. Haut., 59 cent.; larg., 71 cent.

## ÉCOLE FRANÇAISE

73 — *Paysage avec construction, cours d'eau et pêcheurs au premier plan.*

Toile. Haut., 64 cent.; larg., 1 m. 06 cent.

## ÉCOLE ITALIENNE

74 — *Paysans à la porte d'une auberge.*

Toile. Haut., 48 cent.; larg., 60 cent.